JN409440

공의식 시집

다각모서리의 「窓」

다각모서리의 「窓」

공의식 지음

발행처 | 도서출판 국보
발행인 | 임수홍
편　집 | 박미영
디자인 | 맹신형

인쇄 2014년 6월 14일
발행 2014년 6월 20일

주　소 | 서울시 강동구 양재대로114길 32 2층
전　화 | 02-476-2757 / 476-7260
팩　스 | 02-476-2759
이메일 | kbmh11@hanmail.net
홈페이지 | http://cafe.daum.net/lsh19577

값 9,000원
ISBN 978-89-93533-76-7

「이 도서의 국립중앙도서관 출판예정도서목록(CIP)은 서지정보유통지원시스템 홈페이지(http://seoji.nl.go.kr)와 국가자료공동목록시스템(http://www.nl.go.kr/kolisnet)에서 이용하실 수 있습니다.(CIP제어번호: CIP2014017876)」

가을 뒤에 서서 추수가 끝난 들녘을 보았습니다.

황량한 바람만 사는 너른 들에서 시속을 외면한 채 끌려 가는 대로 살자 생각했습니다. 인생이란 그냥 석양을 등으로 업으며 별이나 달빛 속으로 들어가는 여정인줄 알았습니다. 늘 가슴 언저리에 맴도는 풀지 못한 숙제는 다음 생의 것이라고 체념할 즈음, 새로운 인연을 만났습니다.

잘게 기지개를 펴는 아득한 풀벌레소리처럼 다가온 인연들은 오래전에 잊혀진 기억을 들추고 메마른 땅에서 파란 싹이 돋게 했습니다. 그냥 어울림이라도 좋다며 국화 옆에 자리를 잡는다는 기분으로 인연의 싹을 키워 갔습니다.

각양각색의 모습으로 만난 인연으로 하여금 옛날을 더욱 키워 가는 나를 발견할 수 있었으며, 뛰는 가슴과 활활 타오르는 정열은 운명의 눈금을 바꾸는 계기를 만들어 주었습니다. 부딪쳐오는 운명에는 순응하라는 격문이 생각 속에 자리를 잡아 갔습니다. 그럴 즈음 주어진 삶이 팍팍해진 IMF가 내게도 시련을 안겨왔습니다. 思考의 정리가 필요하다는 생각이 뇌리에 가지런해질 무렵 덜컹거리는 창문너머로 공간을 지배하는 세상이 눈앞으로 다가왔습니다.

감성이 공간을 통해 전달 될 수 있었던 시대, 우연한 기회에 인터넷을 통해 남원의 목 선생이라는 최영호 시인을 만난 것도 문도의 길로 들어 설 수 있도록 안목을 넓힐 수 있는 기회였고, 좌절의 늪에서 운명처럼 시인인 배문석 형을 만날 수 있었던 것도 내게는 큰 행운이라고 생각 됩니다. 병마에 쓰러져 사경을 헤매면서 이제는 끝이라는 생각이 들 때, 아내의 지극 정성과 지인들의 도움으로 다시 소생하는 기적을 경험했습니다.

다시 사는 행운을 얻었지만 몸은 망가지고 생활 패턴도 바뀌어 정신적으로 힘들었던 시기, 그 나날이 어쩌면 내게 글을 쓸 수 있는 시간과 습작에 몰입 할 수 있는 기회를 부여한 것이라 여기게 되었습니다. 유년시절 꿈꾸어 왔던 시인에 대한 동경들을 실천에 옮기는 글쓰기를 시작한 것입니다. 차츰 몸이 정상으로 회복해가는 동안에도 시를 쓰는 사람으로, 또 소설을 창작해내는 문인으로 살 수 있게 도와준 가족이 있어 오늘의 내가 존재하지 않나싶습니다.

귀뚜라미 울음 귓속을 파고 들 때마다 따뜻한 공기가 되어준 시인의 바다 회원들과 벽 틈으로 들어오는 바람조각 같은 이름을 불러준 문협 부이사장 김송배 선생님과 문인 선배님과 동료들, 그리고 죽음의 나락에서 기적을 건져낸 내 아내에게 고맙고 감사한 마음 전합니다. 이제 시를 쓰지 않고는 배겨나지 못하는 생활로 바뀐지도 꽤나 오랜 시간이 흘렀습니다.

돌아보면 진달래꽃 따먹으며 산을 누비던 어린 시절과 운동화 꿰차고 산개울을 누비던 학창시절, 산과 들 헤집으며 걸어오는 동안의 기억들을 가슴 울먹일 때마다 꺼내어 소중하게 씻고 닦아서 부족하지만 여기에 모았습니다. 운명이란 참으로 기이해서 수많은 갈림길에서 또는 좌절에서 그 굴레를 벗어나지 못하고 제자리에 맴돌고 있다는 걸 새삼 느끼며 수많은 인연과 지인, 새로 만나게 될 인연을 위하여 더욱 내 자신의 언어인 시의 절차탁마(切

磋琢磨)를 위해 정진하겠습니다.

이 시집을 출간하는데 많은 도움을 주신 국보문학 임수홍 발행인님과 나의 운명에 발 담구며 격려와 도움을 주신 분들께 감사와 고마움 여쭙니다. 늘 아빠 걱정에 마음을 보태는 공주 같은 딸과 믿음직한 아들에게도 평소에 전하지 못한 '사랑한다'는 말과 고맙다는 말, 이 지면을 통해서 전하고 지금도 내 건강과 가족을 위해 최선을 다하고 있는 사랑하는 아내에게 이 시집을 받칩니다.

공의식

Contents

제1장 계절을 잇는 마디

Contents

봄 그리고 사색

Contents

찬란한 그루터기

Contents

샛강 은빛여울에서

Contents

비밀의 정원

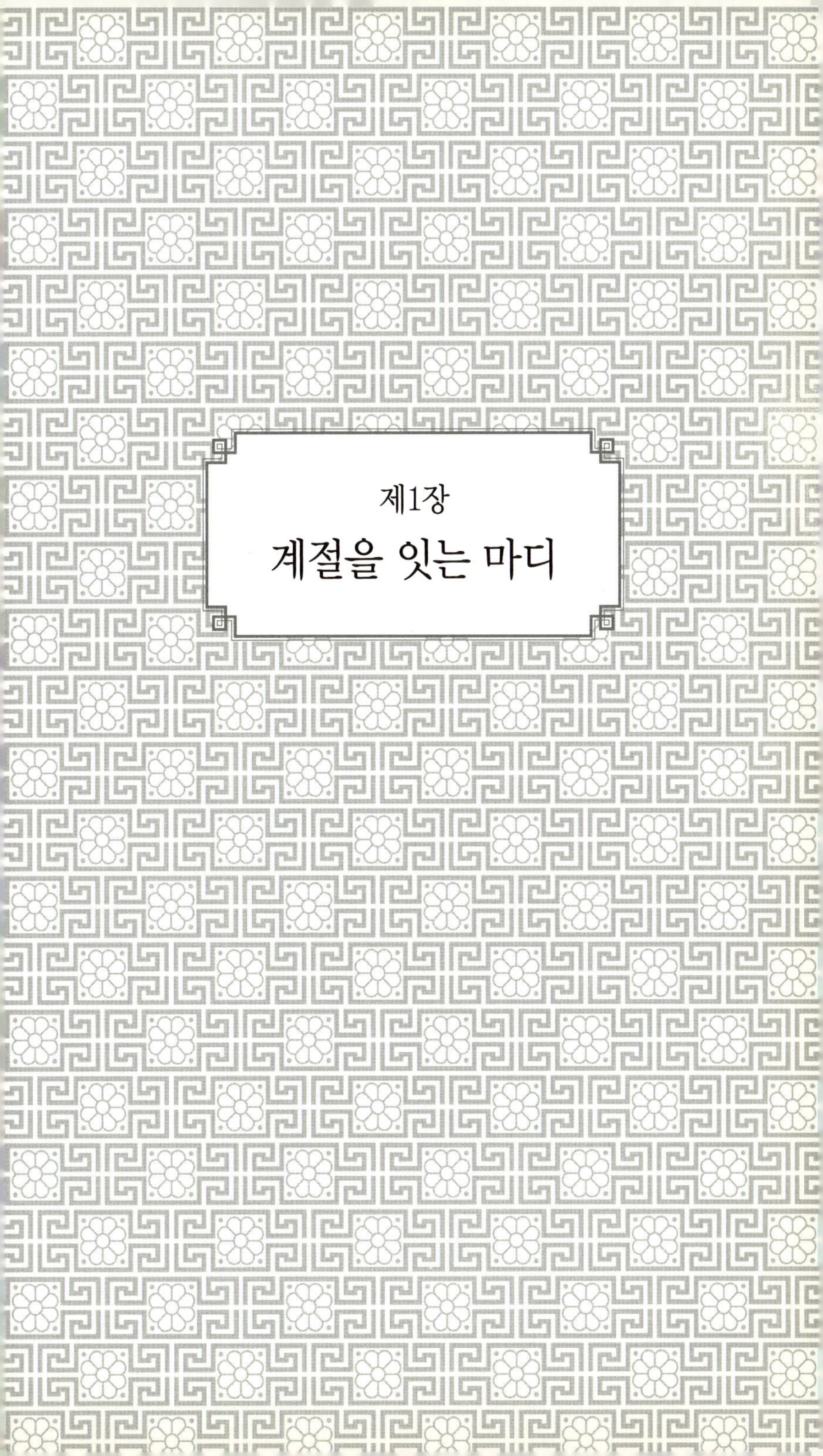

제1장

계절을 잇는 마디

치자꽃

바람이 밟고 올라선 나무가 흔들렸다
후두둑
기억이 빗방울처럼 꽂히고
몽실몽실 파마 한 그녀가
쇠스랑처럼 세운 발로 먹이를 찾는다
'아, 맞다 그녀가 닭띠라고 했지'
치자나무에서 깔깔거리는
그녀의 하얀 이가 보인다
작년에도 노란 삼베 팔던 그녀
터줏대감 위세로 으쓱거리더니
지나가는 길가에서 문득,
관상용으로 나와 있는 사진 속 그녀
여전히 하얗게 웃는
낡은 시간의 교환으로부터
이제는 더 이상
삼실에 갈퀴질을 않는다.

–「제3문학」2013 여름호코스모스

四月

하늘이 운다
너른 벌 드리우고

꽃망울 벙글던 過去의 시간들
계절이 얽혀있다

빗장 열고 들어서는 낡은 얼굴
暗黑에서 얼굴을 훑는다

긴 餘路의 잔형이寫眞 속에서
목련 꽃잎으로 시든다.

바 다

그대는 내 가슴을 뛰게 하였소
부서지는 포말의 정열이 그러했고
허파 속 실핏줄을 씻는 바람이 그러했고
하얀 머리를 휘날리며 달려오는
파란 파도의 얼굴이 그러했소

밀려오는 그대를 눈망울에 채우면서 오늘도
심장을 조각내어 섬처럼 던져놓고
솔잎 같이 성긴 가슴이 떨고 있소
육신 위로 떠오르는 해가 있어
삼백육십오일 내내 떨어도 좋을 듯 싶소

온몸을 도는 피는 불처럼 용솟음 치고
주름진 살갗도 탱탱하게 펴져서
그대를 만나는 기쁨은 봄바람을 타고
꽃이 피듯 젊음으로 피어나고 있소

해조음 잘게 부서져 살갑게 안기는
알알이 금빛 모래알 같은 시간들
백사장 어딘가에 여인으로 뉘어 놓고
물결처럼 어루만져도 좋을 듯싶소.

–「제3의 문학」 발표 –

소나기

그녀가 달려와 안길 때만 해도
옷이 그렇게 젖는 줄 몰랐다
뭉클한 젖가슴과
온 몸을 더듬는 감미로움
분명 한 가닥 달려오는 바람이었다
아니 땅을 박차 오르는 춤사위였다
그리고
무지개 뜨는 산에서 달려오는 열풍,
생각만 해도 아찔한 여름이다.

비에 젖은 인사동

석쇠 위에는
반가운 얼굴이 얹혀지고
접시에 온몸 붉힌 새우가
여느 때처럼 친구랑 누워있다
소금 같은 추억 양념에 발라
구수하게 잔을 채운다
후줄근 쏟아지는 웃음
기억들 하나씩 터트리면
몽글몽글 피어나는 전희가 새롭다
흥건히 젖은
수많은 우산이 떠도는 길 위엔
유물처럼 우쭐한 빗방울 사이로
밟지 않으려는 까치발이
무심한 찬비에
까무룩 저며 간다.

바닷가에서

호미곶 발 아래
깨어지는 함성
갯바위 두드리는 삭은 음정마다
비늘이 별처럼 내려
백사장에 눕는다

천만 년 울다
멍든 해조음
어느 애지사의 울분인가
내 더위를 주워
바다로 던지고 있다.

– 바다문집 4집 「내 마음의 추신」 발표 –

바람마다 문이 열리고

사계의 바람이 네게 다가와
살며시 묻거든
사랑하는 사람에게 문 활짝 열었노라
크게 말하라

사계의 바람이 네게 다가와
큰소리로 묻거든
나의 사랑스런 가족 위해 문 닫았노라
살며시 말하라

사계의 바람이 소리 칠 때 문을 열고
세상 이치 가슴에 써 두라
사계의 바람이 속삭일 때 문을 닫아
바람에 흩날리는 세월 묻어 두거라

바람의 계절엔 영웅이
바람의 계절엔 나무가
바람에 문이 열리면 세상을 낳고
바람이 잦아지면 세월을 잡거라

– 바다문집 10집 「바람마다 문이 열리고」 발표 –

동 행

외솔바람이 지나간다
어디 가느냐고 물어 볼 수도 없고

낙엽이 팔랑거리고 따라가는데
왜 가느냐고 따질 수도 없고

어깨동무했던 친구가 떠나간다
말도 없이 가느냐고 서러워 할 수도 없고

흐느적이며 구름이 흘러간다
모퉁이 도는 그의 등에 얹혀서 갈 수도 없고

세월과 같이 가느냐고 묻는다
골목에 풀풀 날리는 그림자를 밟고.

* 외솔바람: 소나무 한 그루에 가끔 쓸쓸히 부는 바람 (저자 주)

태 풍

풍경이 꼬깃꼬깃 구겨져 쓸린다
등 뒤에선 질퍽한 땅에
내동댕이치려는 바람이
억센 여자처럼 옷깃을 잡아챈다
자꾸만 허공을 휘젓는
비닐하우스의 찢겨진 신음소리
긴 꼬리를 흔들리며 무너지고 있다
찢어져 손 흔드는 간구
아득한 무늬로 얼룩져 흩어지고
한 아름 나무들도 뿌리 뽑힌 벌거숭이다
성스러운 자연의 경고다
너희는 티끌의 의미를 알라고.

– 바다문집 11집 「숲이 되고 나무가 되고 물이 되어」 발표 –

가을의 상념

저녁노을이 붉게 걸어간다
산은 점점 검게 드리우고
잠자리 한 마리
속절없이 세월 나르는데
하늘은 그 자리를 벗겨내고
거리낌 없이 허허로이 웃는다
바람의 울음 지나는 들
끌려가는 어스름 속
굴뚝연기에서 달이 뜰 때까지
그림자 한 점 그려내지 못한 손끝이 부끄럽다
언제부터였던가
국화꽃 같은 흰 머릿결은
홀로 가을 속으로 가셨다
'마지막 콩 타작은 네가 하렴'
어머니의 이 말씀이
귀뚜라미가 가을 밤 내내
슬피 우는 이유였다.

가을

가을이 호르르호르르 깨어나고 있다

벽을 가르던 장맛비는 어느새
논바닥을 채워 쌀눈을 틔우고
허수아비 홀로 새 쫓는 소리가
벼이삭 낱알로 영글어 갈 때마다
붉은 빛 나염으로
감나무에 처억 척 걸쳐진다
마음만 걸쳐둔 거기
붉어진 대로 입술을 그려서
풍년 들 소원만 새겨간다.

가을 2

가슴 연 붉은 광야에
잠자리 가을 줍느라 분주하다
허수아비의 낡은 휘파람소리
논둑 따라 그을려 올 때
더 없는 외로움으로 나는
벼 낟알을 씹는다

– 바다문집 3집 「향기 나는 편지」 발표 –

코스모스

한들거리는 얼굴
환한 눈물 매달리는 날
아련한 얼굴 툭 건드려 보오

분홍빛 볼 반가움에
잠자리 춤추는 하늘가 어디쯤
젖어오는 석양에 묻혀있을 것 같은

어둠에서도 찾아오는 그 얼굴
손 마주 잡고 볼 부비며
미소로 그 추억 안아 보겠소

– 바다문집 8집 「마음으로 가는 길」 발표 –

시월쯤에

나뭇잎 하나 황당그레 떨어진다
열 개의 나뭇잎이 휘둥그레 몰려간다
백 개의 나뭇잎이 필사적으로 따라간다
천 개의 낙엽들이 우수수 쓸려간다
만 개의 낙엽들이 가을을 할퀴고 있다

나뭇잎에 색깔이 물들 때만해도
아, 가을이 오나보다 했더니
어느새 잎 떨구며 가을을 건너고 있다
골짜기마다
백 개 천 개 만 개의 가을이
내 마음 할퀴고 있다

– 한국문학신문 발표 –

장 터

시장 귀퉁이에 앉아
욕설 한 바가지
작은 세월 휘감아 묶고
삿대질 쏘아 올린 하늘이
무섭지 않느냐고

그게 사람이었다면
천벌을 받을 것이라고
모진 가시 돋우는 그 사람
나무는 가시가 많을수록
몸에 좋다나 뭐라나

겨울나무

바람만 사는
한계령 산자락
엄동이 계절을 엮는다
어깨에 눈송이 얹으며
살얼음 같은 청춘이 서있다

바람에 흔들리던
잎새들의 꿈
삭정이 끝에 매달려 일그러진 채,
둥치에 숨을 죽인다

겨울 한 겹 벗는 2월
웅그린 춘몽이 서러워
기슭에 서리는 햇살 한 줌까지
하얗게 쌓이는 무게로
폭설이 무섭기만 하다

– 바다문집 4집 「내 마음의 추신」 발표 –

겨울 느티나무

달려가면 그 곳,

낯선 사람이 반기는
하얀 머리와 골 파인 살갗엔
어젯밤 내내 반가움
거기에 멈췄는지

바람으로 거칠어진 등걸에
뚝뚝 떨어지는 고드름을 매달까
추깃물로 버릴까
흔들리는 한 움큼 기다림이
길게 뻗은 길로 하얗게 부서진다.

– 바다문집 10집 「바람마다 문이 열리고」 발표 –

설 화(舌花)

가을 秋. 秋. 秋 (추)들면
겨울 冬. 冬. 冬 (동)오고
구름이 云. 云. 云 (운)뜨면
마음이 雪. 雪. 雪 (설)내린다
추억도 쓸지 않은 채
눈만 舌. 舌. 舌 (설)덮는다.

– 바다문집 11집 「숲이 되고 나무가 되고 물이 되어」 발표 –

유 월

장미가 피었다.

빨갛게 피어오르기 몇 년인지
눈물로 쓴 별 하나,
날개 꺾인 둥지 위에 포성이 뜬다

파랑파랑 햇빛 저며
저녁상 차리면
돌아앉아 얼굴 붉히는 앵두 같은 밤

다이아몬드 같은, 아니
성근 별 숭숭 뚫는 이 밤도
반딧불이 날아오른 그 날이 섧다.

샛별

고단한 여름
해질녘 맨 먼저 달려와
나의 어깨에 매달리는 별

손길도 고와라
느껴지지도 않으면서
저리 강하게 가슴에 박힐까

네가 뜨면 풀벌레 울고
향기로운 바람 등 떠밀어
어느새 바람은 대문을 나선다

붉은 조각 하나
환한 달덩이 하나
그리고 덜 먹은 빵조각 하나

시름 잊고
너를 잊고
다른 나를 잊고
별 하나 생각한다.

제2장

봄 그리고 사색

봄으로 들어가다

바위 밑엔 겨울이 바들바들 떠는데
욕 한 바가지 휙 바람으로 뿌린다
빨개진 진달래 입술
봄볕 입은 개나리치마랑
훤칠한 벚나무 분홍저고리
속살 드러낸 백목련 그리고,
키득거리던 제비꽃이 잎을 삐쭉인다
왁자지껄 내려가는 도랑물에
묻어 두었던 무 장딴지 씻는데
갯버들은 묵힌 빨랫감 이고 온다
아, 매화 벗고 파랗게 솟는 기염,
붉게 벙긋거리며
봄 마중가는 연둣빛이여!

진달래

가슴앓이 들끓는 산자락마다
설레는 기다림,
모닥불 지핀다
그리움이 익는다
아리도록 한 가닥 매운 연기에
분홍빛 가슴 쪼개어
산에 산에
얼핏얼핏 널어 놓았다

–「모던포엠」 발표 –

봄의 언덕에서

봄빛 스며든 언덕으로
파리한 눈망울 들여다보면
쑥 냉이 달래
명자 숙자 인자
그리고
기억나지 않는 이름 하나
가만히 들고 일어난다

저만치 한눈을 떼면
끌고 가는 건
아련한 봄빛
생각난다 그 이름
잊혀지지 않던 얼굴이
봄볕에 까맣게 타들어 간다.

–「문학저널」 발표 –

봄 꽃

겨우내 접어 둔
사랑 하나 펴서 들면
어느새 다가와
향낭을 엽니다

꽃잎에 취해
속살 드러낸 봄바람
붉은 입술 살랑살랑

황홀한 기운에
맡겨진 몸
입술 한 번 가슴 양차로
벌 나비에게 내어 줍니다.

시냇가

바위를 무디게 뒤집으면
졸졸졸 따라가는 송사리 떼
맑게 품은 개여울 햇살
송사리 입에 연신 넣어주고
오물거리는 모습에 웃는다

흰 이처럼 물결 일어설 때마다
주름진 얼굴이 보이고
후회가 졸졸졸 따라간다

시냇가 빨래터에는
아내가 어머니처럼 앉아
눈 비비고
거울 같은 물에
주름을 헹구어 담는다.

봄이여

그대 빨간 웃음소리에
연분홍 살결이 날개를 펴요
아서요 햇빛이 포근할 때는
바람도 멀리 하세요

안아 줄 때마다 그대는
살결이 트고 푸른 꿈 돋는
기쁨으로 꽃길 열어주는 게
행복이라는 것을 알아요

벌 나비 날고
푸르게 부푼 꿈
봄 길에 캤다고
봄밤은 부퍼 오르네요.

봄의 정령

수선화의 두런거림이
노랗게 강가로 밀려들면
삐죽삐죽 솟는 대공이
창을 들고 나서는 저녁은
로마병사의 정령이어라

아, 수 천 성상에도
여리디 여린 주먹 불끈 쥐어
검고 두꺼운 암흑 허물고
피어오르는 청춘의 향연
누구의 명받아 일어나는지

만수의 생 즐겨 너를 보노니
노을에 횃불 붙여 밤새운 적 있던가
강물이 심하게 흔들린다
언덕을 찰싹찰싹 때리는 손길
수선화 눈 맞춤에 강물이 춤춘다.

봄마다 가는 길

길가에 흐드러진 개나리
노란 혀 내어밀면
하늘엔 꽃구름 줄지어가고
꿀 머금은 벚꽃에게도 안부를 묻고
올해에도 어김없이 길 단장 한다

진달래 피면 온다던 그 아가씨
개나리 울타리에 갇혀서 못 오시나
벚나무 가지에 바람이 실리면
파릇파릇 두릅도 눈을 뜨는데
피멍 든 할미꽃만 흘깃거린다.

두려운 존재

물을 먹는다

병아리는 찍어 먹고
송아지는 빨아먹고
강아지는 핥아먹는다

사람은 빨아먹고 핥아먹고
수단 방법 가리지 않는다

세상에서 가장 두려운 존재,
사람이다.

늪

식어버린 가슴 품고
혀만 치장한 연꽃,
욕망의 샘이 솟아오르는
사고의 바닥에서
속 빈 뿌리를 캔다
감춰진 비밀 그 사유로
잎은 더 넓게 벌어지려고
별빛 머금은 이슬에게
햇살이 감춘 말
새촘한 귀에 걸어둔다.

–「제3문학」 2013 여름호 발표 –

바람소리

수줍은 봄바람 비집던
진달래 몇 줄기 사그라지고
솔숲 드나든 달 뜬 소리
그때가 좋았지 그때가 좋았지

풍성한 활엽수 산 휘감아
불어 닥친 폭풍의 위력 앞에
찢겨질듯 위험한 이파리
모진 고난 이겨내고 살자고 했지

잦아든 바람 걸어와
황토먼지 쓴 채 순수했던 계절
우수수 떨어지던 밤송이 피해
그냥 살아 보려는 거지.

목련이 필 때

시시때때로 봄은
가느다란 가지 끝에 오고
지난겨울 하얀 눈물
뿌리로 당겨갔다

두 손 모아 기도하듯
가지마다 소복소복
시퍼런 하늘에
손 비비던 멍울들

따스한 봄볕 날개에 기대어
하얀 눈물이 핀다
밤새 벙글던 하얀 군무도 이내
나비 오기 전 목을 꺾나니.

– 바다문집 5집 「내 허락 없이 아프지도 마」 발표 –

존 재

하늘에서 휘돌던 바람
가슴에 스며든다

미친 듯 떠돌다가
태연히 좌정한 산과 들

언제라도 마음 내키면
변덕을 부리는 바람

회오리로 몰아칠
가치만 계산하고 있다

–「모던포엠」 발표 –

고 독

바람도 잦아든
산마루 나뭇가지에
마음 한 쪽 걸어 놓고
하염없이 기다린다

뜨거운 햇살
숲 속에 잠재우고
달 그림자 서산에 걸리도록
물빛에 잠겼다 떴다

한사코 밀려오는
벼랑을 피하려고, 나는
바람 찾아 숲을 나선다.

– 바다문집 2집 「사진속의 그대여」 발표 –

아지랑이

아가야 울지 마라 울지 말아라
앞산 뒷동산에서도
피는 너는 봄이 좋아 핀다
보는 나는 안타까워 운다

아가야 날아라 훨훨 날아올라라
앞산 뒷동산으로
호랑나비 날개로 네 옷 지어 입히고
종다리 노래처럼 곱게 놓아 보낸다

아가야 뛰어라 멀리 뛰어라
시냇물 건너고 들판도 가로 질러
네가 뛰는 곳곳마다 풀이 돋고
환한 풀꽃으로 피리니

아가야 웃어라 크게 웃어라
엄마 아빠 품에서 크게 웃어라
새들은 너를 향해 노래하고
나비도 너를 보고 춤을 추리니.

– 바다문집 8집 「마음으로 가는 길」 발표 –

꽃 비

쏴아아
소금기 없는 눈물이
얼굴을 때리면
후두둑
떨어지는 초목의 생기
아, 기다림으로 무뎌진,
생명의 물이여
애잔한 눈물이여
꽃잎 쓸고 가는 외마디
봄엔 비가 와야 한다는 묵언
나무 흥건히 적시고서야
사라지는 통증.

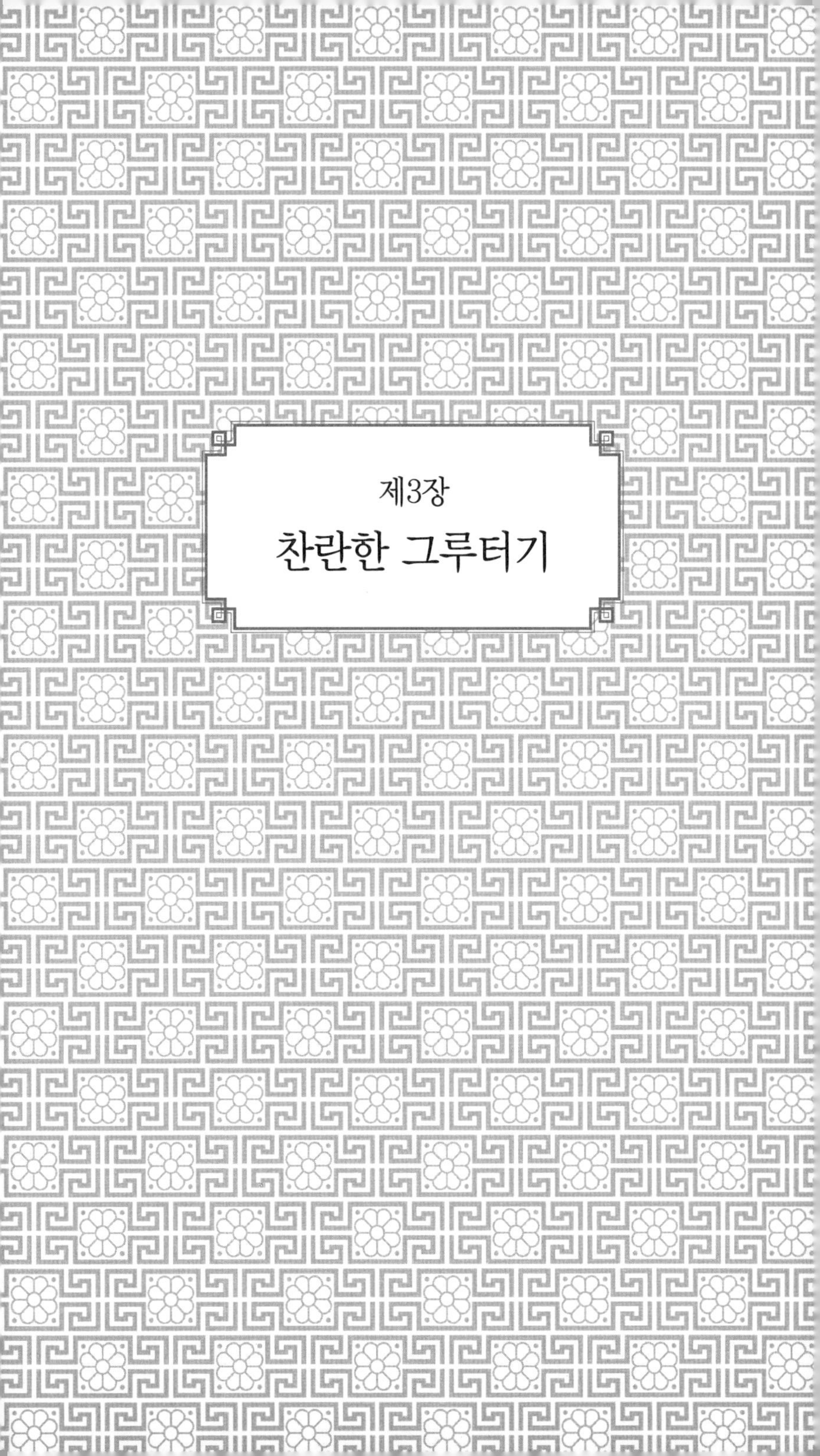

제3장

찬란한 그루터기

거꾸로 선 나무

그렇다
죽은 나무는
말간 하늘에 뿌리를 뻗고
찬란했던 과거 들추며
봉동의 가치 셈한다

인연의 늙은 삶이
푸르디 푸르렀던 계절
이슬처럼 맺히다 사라질 뿐,

땅속으로 길을 여는 곳
봉동을 캐내는
온해가 바람에 쓸린다.

다각묘사의 窓

농부는 지게 지고
항상 벽면에 붙어있다
고개만 떨군 채

한 여인이 합장 하고
같이 고개 떨구고 있다
여인 뒤꽁무니에 모아진 두 눈

헛것이 보인다
흰 눈 쌓인 여인 머릿결로
초점 잃은 크리스마스가 가물거린다

겨울이 연출하는
다각묘사의 창
그 너머에 보이는 농부의 지게.

감또개

그 집 마당엔 항상
어린 기억이 팽이를 친다
감나무는 연신
감꼭지 어린 깃에서
태극기 휘날리고
감꽃마다 푸른 도포 입은
애국지사가 앉아있다
낯선 아이가 달려가
떨어진 홍시 하나 줍는다
'먹으면 안 돼'
젊은 엄마 입에서 흘러나온
회초리 같은 묵시,
바람이 감나무를 흔든다
감꼭지 밑에는
붉게 돌고 있는 팽이처럼
풍요의 배를 채우고 있다.

저 녁

겨울 내 흔들렸던
텅 빈 허수아비의 웃음
아득한 방안으로 스며들어
홀로 뒹군다
언제나 서러운 눈동자
초점 없이 떨어지는 별
아,
가슴은 지고
바람도 자나보다
밤새 어느 풀벌레 울며
어둠만 짙게 흘리겠네.

갈대밭에서

질펀하게 펼쳐진 순천만,
수소문했던 어머니 음성이
후두둑 빗소리로 걸어와
툭 건어차더라

갈대 숲 달려서
개펄로 처박히는 회한
오늘은 하늘을 날고
파랗게 바다로 흘러간다

두런거리는 바람 사이로
앙상한 손길이 그 마디에서
환하게 웃는 빗소리 들어보라고
사모의 가슴에 얹혀 진다.

– 바다문집 4집 「내 마음의 추신」 발표 –

김 치

삼년 동안 묵힌 속을 꺼낸다
단정하게 썰어 하얀 접시를 채우면
어릴 적 그토록 안타깝던
어머니의 눈물이 스쳐간다

어쩌면 햇빛 보지 못해서
철없는 눈물인지도 모른다
아내는 사각거리는 식감이 좋다며
서둘러 입의 탄성이 터진다

꿈속에서 찾아 헤매던
한 순갈의 더운 소원을 뜬다
상석 옆 묘비를 어루만지면
울컥거리는 시골밥상이 씹힌다.

하루살이

해마다 찾아와
날렵한 날갯짓
하루만 더
하루만 더
해질녘이면 발악하는데

일 년 삼백예순다섯 날
하루만 삶아 먹고
들녘에 스러져
기억조차 없을 몸,

오늘이 가면
다시는 못 올 또 다른 일생
윤회설이 한 가닥 희망이다
그 때는 날 수 있을까.

가장 긴 장례식

두 손 맞잡아
빌고 또 빌었다
떨리는 가슴은
바다로 철석이고
억울한 생각은
비바람을 몰고 온다
어쩌다가
눈물로 흐르는 서러움
세상은 온통
흐르다가 사라질 뿐이다.

정(情)

유리창에 매달린 빗방울
무엇이 간절하여
떨어지지 못할까
외로운 호수에 떨어지면
웃는 파문 그려줄 텐데

주룩주룩
쏟아지는 빗줄기 타고
창에 흘러내리는
애처로운 네 모습
손 내밀어 쥐어본다

– 바다문집 2집 「사진속의 그대여」 발표 –

은행나무

부모님 생전에 보았던
석등의 꿈이 바스라지 던 날
초라한 이층 침대를 닦아
살 속에 은행나무 한 그루 심었지

가을마다 정좌한 채
찬비 맞으며 색을 입히고
달빛 가두어 옹골지게 열린 열매들
황금빛 살색이 저리도 곱더니

지난한 청춘 제기에 쌓아 놓고
숭엄하게 축문 읽어가면
곶감 곁눈질에 가을밤은 깊어져
향촉만 실연기 피워간다.

분 신(分身)

한 시절 묻은 세월 저 편,
하얗게 지워져 가는
발자국이 낙관처럼 찍힌다

굴뚝 그림자 위로
서성이다 쓸려 간 설움,
이슬로 맺혀있는데

지나온 자취마다 끓는 가슴앓이,
그림자 끝을 헤매다
꿈속 찾아가는 무딘 발자국.

– 바다문집 8집 「마음으로 가는 길」 발표 –

파 도

종일 거품 물고 소리칠 때도
시퍼렇게 바위에 부딪치며 솟구칠 때도
나는 그대가 노여웠다고 생각하지 않았소

쉰 목소리의 함성 만선으로 돌아와
숨가쁜 어물전의 경매소리처럼
뱃전을 돌아 즐거워 한다오

오지마라 새파란 소리 아무리 질러도
깊게 침묵하는 바다만 가슴에 철석 쏴아
달빛 껴안은 밤은 너무 아름답기만 하다오

유난히 푸른 어둠에서
가장 날이 선 이빨의 야성 때문에
포구 귀퉁이에 숨죽여 있다오

지금, 포근한 달빛이 펴지고 있소
자장가 토닥이는 어머니의
따뜻한 숨소리가 들리오

그대가 잠들면 살며시 나가
날뛰는 고기값이나 잡으려 하오.

– 바다문집 8집 「마음으로 가는 길」 발표 –

포도송이

우리가 탄 노란 버스에
포도반 아이들이 탔어요
올망졸망 보랏빛 포도송이죠

우리가 탄 노란 버스에
포도반 아이들 집에 가지요
싱싱한 포도송이 다치면 안돼

우리가 탄 노란 버스에
포도반 아이들 내리고 나면
참새소리만 창에 붙어 짹짹짹.

– 바다문집 10집 「바람마다 문이 열리고」 발표 –

정원에서

–비정규직의 낙서–

산에는 바람이 산다
때마다
단풍나무 키는 길게 눕는다

탱자나무 울타리엔
바람이 없을지도 몰라
가시덩굴에 찔리니까

사철나무 울타리로 둘러싸인 정원
새로 판 빈 구덩이에는
낙엽만 몰려와 오들오들 떨고 있다.

– PEN문학 2014 봄호 발표 –

혀

죄목이 무거워
쇠말뚝을 박는다
세치도 안 되는 흉기로
삼백예순다섯 날 대못을 친다

음습하고 앙큼한
입 냄새로 인해
동해의 격랑이 높이 인다

코, 입, 머리가 온통
심장 썩는 소리
노여움의 극치다

허튼짓 마라
독도는 한국 땅이니.

백 자

흙이
불을 만났을 때
가장 빛나는 여인이 된다
토실한 하얀 엉덩이와
길고 가느다란 목은
첫날밤 보았던
우리 집 각시,
아니
그 뜨거운 고통을 견디고
즈믄해 변치 않는
우리 민족의 얼.

제4장

샛강 은빛여울에서

나이 앞에 서면

희미해진 계절이
뚜벅뚜벅 걸어와 가슴을 열면
황망한 벽이 옆에 서는 저녁

이슬 머금어
생의 숨 깃들던 씨앗들
바람 품고 눈뜨는 그 날이 아련하다

뜸부기 울고 간 너른 들로
나그네의 긴 그림자
허수아비 삭은 어깨에 걸리고.

– 바다문집 11집 「숲이 되고 나무가 되고 물이 되어」 발표 –

나이 들면

바람이 사립문에 걸렸다
'뉘시요?'

조용하다

바람이 사립문에 걸려 넘어졌다
'뉘시요?'

조용하다

바람이 사립문을 넘어 들어온다
'뉘시요?'

조용하다

하루 종일
문을 열어 보는 눈 속으로
바람이 들어가 문을 닫는다

조용하다.

– 바다문집 10집 「바람마다 문이 열리고」 발표 –

귀 향

보리밭에 남겨둔
고무신 한 짝
누가 벗어 놨을까
뙤약볕에 그을려
까맣기만 한데

달려가 신어봐야지
신발이 덩실덩실
춤추게 해야지

십일문 삼의 고무신
힘줄 솟은 아버지의 발이다
막걸리 한 잔에 힘내는
황금빛 들이다.

한(限)

가슴에 박힌 돌멩이 하나
밤마다 억장이 무너진다

욕망의 골골 마다
산발의 흔적

안개가 사라지듯
그렇게 날려 보내리

바람의 길목, 간밤엔
소나무에 걸린 푸른 기별이 없다.

– 「모던포엠」 발표 –

그네타기

두 줄에
양심 하늘 매어 달고
발 내어 구르면
하느님은 줄을 자를까 말까
궁금하다
매우 궁금하다
정말 궁금하다
바람이 그렇게 말렸건만
심장이 그네를 탄다.

–「문예감성」 2013 가을 겨울호 발표 –

그 믐

도란도란 저녁 햇살 등으로 받으며
밀가루 반죽 하얀 살 내고
검붉은 팥죽물에 훨훨 털어 넣으면
전설처럼 곱게 떠오르는 얼굴

솔밭에서 우는 부엉이 울음 따라
삼베적삼 고집하시던 깡마른 아버지 지게에
지고 온 달빛을 마당에 부리면
환한 미소 머금고 대밭에는 달이 걸린다

어쩐 일일까
뜨거운 팥 국수 다 불어가도록
잎들 속삭이는 대숲에는
듬성듬성 낮은 검은 속내.

– 바다문집 11집 「숲이 되고 나무가 되고 물이 되어」 발표 –

바다가 시를 읊다

여유 찾아 동동
바다에 누우면
시퍼런 노래가 둥둥 떠 다닌다

날 선 파도 주워
풍경 드리우면
억눌렀던 말 아우성처럼 쏟아내고

솔낭구 틈새바람 바다에 베고 누워
겪어온 지난 이야기들
파도는 하늘에 옮겨놓기 바쁘다.

커피 한 잔

이제야 커피잔이 허리를 편다
바람소리에 들떠
욕망이 뛰쳐나간 과수원
폭풍이 걷어간 뒤의 고요
'이만하길 다행이야'
얼이 빠진 빈 가슴에
미련만 남는다
온 몸에 퍼지는 한기
빈 접시에 빈 찻잔을 놓고서야
꽉 찬 가을을 둘러본다
'이만하길 천만 다행이야'
빈 잔을 채우고 있는
대학 간 아이 얼굴이
사과처럼 과수원을 채우고 있다.

폭 포

아,
산기슭 휘어잡는
푸르디푸른 혼이여
맑은 계곡에 맴도는
하얗디하얀 속살이여

하늘을 끊어내는 울음
숲의 말을 쏟아낸다
단 하나 진실
알몸으로 투신하는
정토의 눈물.

신용, 백사장에 눕다

햇빛 한 줌
바람 한 줌
양손에 쥐고 걷노라면

해 저물 쯤
세상 뒤집던 질펀한 소문이
귀를 더럽힌다

화살 같은 햇살과
총알 같은 바람에
모래처럼 쌓였던 신뢰

홍수 때마다
폭풍 때마다
부서지는 강물

아, 상처가
모래톱 위로
퍼렇게 멍든 채 널린다.

영월 안개

김삿갓의 찢어진 도포자락이
산허리를 걸쳐 누운 듯한데
구비 구비 휘감아 도는 청룡포는
단종을 지키려 병풍을 쳤다

동서남북
아리도록 매운 슬픔이
산등마다 무명천으로
매무새를 가리었구나

어느 행궁의 나인이
청룡포 강물에 헹궈 닦았을
마루에 쌓인 세월의 퇴색
나이 든 바람이 올 때마다
소나무는 통곡을 한다.

노 을

황금빛 들녘으로
허기진 남자가 걸어간다
가뭄 들어서 일까

어깨에는 바람을 메고
옷깃 풀어헤치며
빈 지갑을 털고 있다

젊음이 허리를 졸라매던
땀에 젖은 노동이 등을 탄다
새벽부터 이슥해진 밤의 길로

주머니에 몇 개 남은
딸랑거리던 동전마저도
바람결에 휩쓸린 지 오래다

빈 지갑에는
휑하니 바람만 들락일 뿐,
저녁놀은 지전에 얹혀 저물었다.

지하철

굴을 파 사랑을 실어야 했다
그렇다고 두더지는 아니다

지네 같은 마디마다
문이 열리면 태우고 내리고

발씨 익은 굴속은 꿈의 통로
일 년의 절반은 밤이라고 했다

밤의 절반은 잠을 잔다
오직 그 때만 바람이 지나간다

오로지 달리고 또 달리고
어제와 오늘 사이를 열어간다.

– 바다문집 7집 「숲으로 난 길」 발표 –

담쟁이

동화 속 개구리 왕눈이 닮은 손
담을 타고 오르다 그대로 뿌리 내린
넝쿨은 시나브로 하늘을 오른다

콘크리트 절벽이나 가파른 토담이라도
부지런한 줄기는 손을 뻗는다
바람이 밀지 않아도 올라야하는 성미

오르는 족보에는 아버지가 있었다
어린 손 떨어질까 그 자리에 숨 거둔
아버지의 아버지가 굵게 힘줄을 키우고 있었다.

– 바다문집 8집 「마음으로 가는 길」 발표 –

섬진강 달빛

재첩 잡는 섬진강에는
은어가 달콤한 신혼을 꾸리고
엄지 세운 털복숭이 참게도
밤새워 달빛 잘라먹더니

올 추석에는 오려나
올 명절에는 오려나

게장 삭는 시간
기다림은 은하의 거리만큼 멀다
아침의 강에 퍼지는 햇살
찬란한 금빛 물결로 흘러가는데

묘지에 꽂은 시들어
바람도 데려가지 않는
꿈이 섧다.

구 경

계절 없는 백화점 입구에
시베리아 품었던 날개를 접고
구경거리 된 박제 두루미

긴 목에 슬픈 망향의 깃
새의 눈에는 눈물이 마른지 오래다
스치는 시선 날개에 얹으며
날마다 사람들 욕망을 쪼개고 있다

손님은 부리가 튀어나와
욕심쟁이일거라고 눈을 흘기고
깃털 옷 입었다고 부자라며
울음이 없어 냉정할거라며 수근댄다

유리관 속에는
방부제 범벅으로 버티는 박제 두루미가
오늘도 백화점의 손님을 맞는다
눈물 없는 눈으로.

– 바다문집 10집「바람마다 문이 열리고」발표 –

농 성

참새가 쫑쫑쫑
우람한 시청 쪼아대니

잘 차려입은 제비가
처마 밑에 나와서
‘지지배지지배’

지나던 장사꾼이
“흥부가 기가 막혀?” 한다

별똥별

성근 바람에
별이 흔들리면
머언 우주의 이야기
풀밭을 밟는다

놀란 풀벌레
울음만 퍼지는 들녘에
반딧불이는 은하의 이야기
잊으라
잊으라며

몇 개의 푸른빛
밤길에 내어주며
총총한 하늘
길게 끌어당긴다.

민달팽이

집 쫓겨난 몸으로
구석을 돌며 글만 쓴다

내 인생을 사시오
내 인생을 사시오

여기저기 붙여놓은 광고지
햇살 먹어 퇴락하는데

한 줄기 바람결로 사라진 이슬
어느 강 어귀 이루고 있을까

종일 외치던 구직광고
역무원 청소기에 빨려간다.

민들레

혹여, 불에 타 하얗게 되었소
아니면
바람에 불려가 민둥이가 되었소
노랗던 시절은 어디로 팔려가고
늙은 몸 하나
가누지 못하고 섰소

그대 주저앉으면
푸른 꿈 한 움큼 캐내어
약물로 다려 줄 테니
일어나 보오

저녁 놀 뜰에 내리면
삐죽삐죽 솟는 푸른 싹을 보오
즐겁지 않소
내년 봄이면 쟤들도 꽃 피운다는데
어여 일어나 보오.

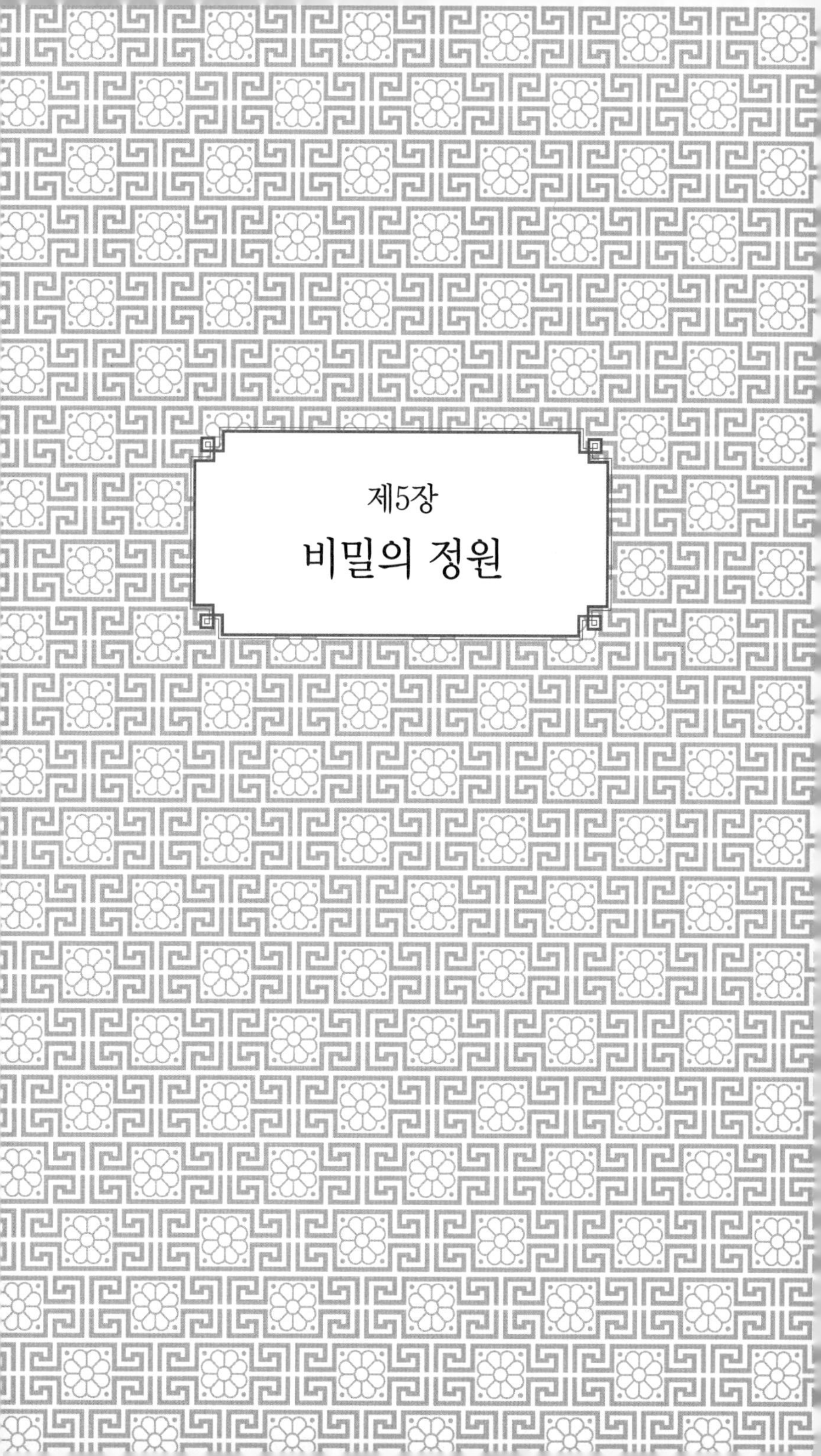

제5장

비밀의 정원

속내

오늘은 아내가 말없이 혼자
현관문을 열고 나간다
토요일이라 아무도 일어나지 않는데
아내 홀로 나가는 등 뒤로
찬바람 한 잎
살며시 구월을 밀어 넣는다
어쩌다 나는
출근하는 아내의 뒷모습을 봐야만 했을까
회한이 계절을 떠밀자
어거지로 옆에 철퍼덕 앉더니
한 마디 던진다
"나 싫으면 니가 나가!"
나는 아무 말 못하고
구월의 눈치만 살폈다.

나의 정원으로

낡은 휘파람소리 들린다
얼마나 애틋하면
먼 바다 숨소리
지팡이 짚고 일어서는 석양의 섬을 밟고
뛰어오는 것일까

얼굴마저 울그락 붉그락
저녁바다에 씻어내면
바다는 또 그렇게
내게로 밀려온다

어둠이 깔리고 별이 뜨면
기다리는 가족들 달려와
잔디 그 파란 정원에
알록달록 노을을 켠다.

밀회

별들이 웃고 있다
어둠 속에 하얀 이 드러내고
활짝 웃고 있다
사랑하는 마음으로
노래하는 마음으로
별들이 속삭이고 있다

어둠이 울고 있다
백년 묵은 그을음 눈물로
까맣게 울고 있다
미워하는 마음으로
슬퍼하는 마음으로
어둠이 속삭이고 있다

별들의 속삭임에 웃고
어둠의 속삭임에 울다
눈물의 흔적들 풀잎마다
수줍은 얼굴로 글썽이고 있다.

월 하(月下)

달빛이 바람을 깨워
안개를 거둬간다

어스름에 묻혔던
머언 동네
개 울음소리 달빛을 쫓고

젖은 눈에서
하염없는 밤으로
달만 허허로이 흐른다.

– 바다문집 2집 「사진속의 그대여」 발표 –

그리움

어렴풋이
또 어렴풋이

밤이면 찾던
서러운 빛

또 애달파

던져버린 산 위로
달이 뜬다.

분갈이

분통 터질 일이다
잎은 시들어 애처로이 졸고
늘어가는 낙엽
분명 양기가 없다

화초가 불쌍해서
나는 단지
편하게 시들라고
엄벙덤벙 흙을 들추었다

화초가 꽃을 피워
생글거린다
한 떼의 바람도
화분을 맴돈다

아, 희로애락의 근원
꽃 핀 곳이 낙원은 아닐까
줄줄이 미소 짓는 꽃들로
새파란 젊음이 핀다.

찌개 끓이는 남자

등을 보이는 이
남자가 맞다
가족들 깔깔거리다가
멀리 사라질 때쯤
보글보글
오붓한 저녁을 꿈꾸며
찌개를 끓인다

아내가 오는데 차는 막히지 않을까
갑자기 불안이 끓어넘친다
시계는 아내 올 시간이 지났다
넋두리가 칙칙거리고
이내 기다림의 불을 끈다
주차장을 둘러봐도 아내의 차가 없다
식어버린 찌개를 다시 끓인다
어김없이 넋두리가 올라오고
하얗게 센 머리결이 나풀거리자
또다시 불을 끈다
무슨 일일까
무사하기 빌며 무김치를 썬다.

고 부(姑婦)

그녀가 걸어가는 길엔
바람이 없다
치렁치렁 낙엽을 달고 가는 여자
봄바람인지 가을바람인지
흔들리는 바람이 매섭다
부들부들 떠는 나무는
눈을 감는다
언제나 싱싱했던 잎들 털어내고
빈 가지로 서서 운다
시집살이 한 세상
시월이 지나는 길목에서
낙엽 지는 쓸쓸함
젊은 그녀가 없다.

위 험

무당개구리가
배를 뒤집는 것은
항복일까?

강물이 바다로
내달리는 것이
좋아서일까?

바람이 나뭇잎을
간지럼 태우는 게
애정일까?

궁금하다.

내가 그리워하는 것은

내가 그리워하는 것은
인터넷의 상접된 얼굴이 아니라
만나면 즐거워
눈물 흘리는 얼굴입니다

내가 그리워하는 것은
항상 즐거운 언어로 흘리는 웃음이 아니라
진실을 말하는
촉촉하게 젖은 당신의 눈입니다

가을 하늘이 파랗게 서리를 읆아도
가슴으로 내리는 것은 이슬
석양보다 더 붉게 물들이는
그대의 눈빛입니다

당신도 내 마음 같이,
흰 눈이 봄 싹을 기르듯이
마음 하나 남기고
만남의 강을 건너는 일입니다.

– 바다문집 8집 「마음으로 가는 길」 발표 –

어머니

등 굽은 해안선
하얀 뼈조각을 쓸어 모으며
파도가 웁니다

시간 쪼아 먹는 갈매기
골수 사이로 날개를 퍼덕이는
아우성입니다

파도는 모래톱 위로
하얀 등뼈 실어오며
넋두리도 주워 담습니다

밤마다 어머니의 등뼈가
해안선에 길게 누워
신열 앓는 내 머리를 짚습니다.

– 바다문집 8집 「마음으로 가는 길」 발표 –

모 정(母情)

돌아서는 車窓에
잘 가라며 손 흔드시던 어머님 얼굴이
눈송이처럼 엉겨온다

간밤에 울던 바람
고드름 자라는 소리로 커서
서러움 닦는 어머님 손이 된다

車窓에 낀
이름 모를 꽃잎의 성에
닦아 낼 수 없는 어머님의 음성.

– 시인의 바다 창간호 –

아버지

장날이면 빈 수레가 장 보러간다
덜커덩, 소는 외양간에
덜커덩, 주인은 액자에
수레만 홀로 장 보러 간다

빈 달구지 덜컹거리며
아침부터 나선 길이 해가 저문다
덜커덩 소리에 별 하나 실리고
덜컹 소리에 달이 실렸다

이만하면 오늘 짐은 가득하다
아버지는 어디 가셨나
임자 없는 수레가 장을 헤매고
조율이시 어동육서 차림만 높다.

소가 된 까닭

고구마 푸른 잎에 앉아
아버지는
하늘 닮은 잎 되거라 하시며
붉은 황토 살 돋우신다

'누워서 먹으면 소가 된다'
눕지 말고 자라거라
자라나거라
아버지 삶에는
개꽃 장다리도 늑장을 핀다

아버지의 등에서 미끄러진 세월이
등짐으로 얹혀지고
아들에게
'누워서 먹으면 소가 된다'
눕지 말고 자라거라
같은 말을 했더니
아들이 웃는다

고구마 푸른 잎에 앉아 나는
하늘 닮은 잎 되거라 되뇌었더니
붉은 황토 살이 튕겨나간다.

낚 시

그립다
그리웠다
어젯밤 꿈에 뛰놀던
그 미끈한 시어가 그립다

태어날 때부터 뜬 눈은
입만 벙싯거리는 외로움
어망에 잡혀 있다고 했다

어쩌다 건지는 사람에게
뼈만 남은 접시 위에서
스스로 화석이 된다고도 했다

즈믄 골 백 년 변하도록
그립다 노래하면
나는야 장한 어부가 된다.

소 문

어젯밤 내린 비
밤새 나무로 올라 싱싱하다

초록 잎들 방글방글
가지들도 덩실덩실

지나온 이야기
속살거리는 천상놀이에

달팽이 귀만
바람을 향해 쫑긋 거린다.

시냇물

졸졸 시냇물에 누가 누가 살까요
엄마 아빠 따라서 달려갔더니
따가운 햇살이 쉬고 있어요
살며시 발을 담그었어요
햇빛이 놀라서 도망칩니다

졸졸 시냇물에 뭐가 있길래
하늘의 구름이 쉬고 있네요
엄마 아빠 구름 속에 숨어 있는지
송사리만 나와서 놀고 있네요
나는 좋아 제일 좋아 깔깔 웃어요

졸졸 시냇물에 무얼 먹고 사는지
송사리 떼 입마다 오물거려요
가만히 입술만 대어 봤더니
송사리 떼 달려와 입을 맞춰요
오곡밥 지어주신 우리 엄마가
세상에서 제일 좋아 깔깔 웃어요.

– 바다문집 8집 「마음으로 가는 길」 발표 –

구상천

골바람 남실거리는 엥깃골 숲 아래
개울은 웃보 아랫보 팽개치고 상보에서
벌거숭이 사내아이들 불러들인다
알고추 덜렁이는 물장구에
고추 따러가던 할머니
주름 펴지라 힐쭉거리며 웃고

당산나무의 매미 울음소리에
동아실보 둑에는 계집아이들 천지
검북쟁이로 쫓겨 간 물은
되장 밑 개천으로 고여
점괘 앞에서 옹알이하는 그 곳

흙탕물 일면 '물 샌다 위로 가서 놀아라'
어른들의 꾸지람이 보막이 돌로 박히지만
홍수 땐 어김없이 넘치게 흘러가던 개여울
지금은 바닥을 드러낸 채 쓸쓸한 냇가에는
가난만 우글거리며 자갈로 뒹군다

콘크리트로 막은 보에는 자갈이 쌓이고
참게 메기 은어 각시피리가 놀던 곳엔
사라진 아이들 대신 퇴약볕만 바닥을 달구고
희미해진 횃불 켜보아도
밤불 밝히던 솜뭉치만 추억을 더듬는다.

자아의 순정적 탐색과 서정 시학

공의식 시집 『다각묘사의 窓』

김 송 배
(시인, 한국문인협회 부이사장)

1. 삶의 방식과 다각묘사(多角描寫)

현대시의 서정적 자아 형성의 방식은 만유(萬有)의 자연 현상과 인간의 삶이 지속적인 체험의 형성에서 감각적인 동일한 자아의 개념이 발양할 때 서정시의 순간은 능동적으로 의미 부여를 하게 된다.

이러한 삶의 방식은 다양한 체험에서 생성하는 의식의 흐름(stream of consciousness)이 우리들에게 미치는 상상력은 바로 시적 형상화에 다양한 사유(思惟)의 형태를 제공하게 되는데 이것이 인과적으로나 시간적 순서에 따라서 결합하는 심리적인 변환이 시적인 이미지를 창출하거나 소재 또는 주제의 결정적인 매체가 되기도 한다.

우리는 이와 같은 현상을 평자들은 T.S. 엘리엇의 작품「황무지」제1부의 첫 부분 '4월은 가장 잔인한 달 / 죽은 땅에서 라일락을 키워내고'란 대목에서 이 의식의 흐름의 방법을 사용한 시라고 말하고 있다.

이렇게 서정적인 자아의 인식이나 이해는 일반적인 하나의 생각이나 하나의 비젼의 정서이며 단편적이고 순간적인 개인적인 동일성(personal identity)이 자아 감각으로 천착(穿鑿)하는 시법이 서정시의 순간이라고 할 수 있을 것이다.

여기 공의식 시인이 상재하는 첫 시집『다각묘사의 窓』에 수록된 작품들을 일별하면서 이처럼 서정적 자아에 대한 시론을 살피는 것은 공의식 시인의 시적 의식에는 '다각묘사(多角描寫)'라는 테크닉을 적용하는 문장기법이 다양하게 현현되고 있다는 점을 간과(看過)할 수 없었기 때문이다.

농부는 지게 지고
항상 벽면에 붙어있다
고개만 떨군 채

한 여인이 합장 하고
같이 고개 떨구고 있다
여인 뒤꽁무니에 모아진 두 눈

헛것이 보인다
흰 눈 쌓인 여인 머릿결로
초점 잃은 크리스마스가 가물거린다

겨울이 연출하는
다각묘사의 창
그 너머에 보이는 농부의 지게.

이 시집 표제시가 되는 작품「다각묘사의 窓」전문에서 감지(感知)할 수 있는 것은 그가 그의 의식 내면에 깊이 잠재(潛在)해 있는 서정성의 분사(噴射)라고 할 수 있다. 이것이 그의 삶에서 체득(體得)한 체험의 단편적인 면모(面貌)가 그의 의식에서 재생하는 순간의 자아 서정의 인식으로 전환하는 시법(詩法)을 이해할 수 있게 한다.

그는 하나의 대상물을 여러 각도로 비추어서 다변적인 상상력과 이미지를 그려내는 '다각묘사'의 기법은 바로 '겨울이 연출하는 / 다각묘사의 창 / 그 너머에 보이는 농부의 지게'에서 변용(變容)하게 된다. 그것이 '헛것'이고 '흰 눈 쌓인 여인 머릿결로 / 초점 잃은 크리스마스가 가물거'리는 상상의 정점(頂點)은 바로 그가 구가(謳歌)하려는 이상세계의 시적 접근이며 시적 진실을 지향하는 한 단계의 여과(濾過)장치라고 할 수 있다.

한 시절 묻은 세월 저 편,
하얗게 지워져 가는
발자국이 낙관처럼 찍힌다

굴뚝 그림자 위로
서성이다 쓸려 간 설움,
이슬로 맺혀있는데

지나온 자취마다 곪는 가슴앓이,
그림자 끝을 헤매다
꿈속 찾아가는 무딘 발자국

——「 분신(分身) 」전문

공의식 시인은 다시 '세월'이라는 시간성에서 과거를 반추(反芻)하거나 현재의 실재(實在)를 투영하는 시법으로 자아의 혼란과 혼돈을 정리하고 있다. 그는 '하얗게 지워져 가는 / 발자국이 낙관처럼 찍힌다'는 어조(語調)에서 이해할 수 있듯이 망각의 시간성(세월)에 응집(凝集)된 어떤 응어리들이 분해되는 '분신' 현상으로 형상화하고 있다.

이러한 그의 사유는 '서성이다 쓸려 간 설움, / 이슬로 맺혀 있'어서 '지나온 자취마다 곪는 가슴앓이,'이며 이러한 현상들은 '그림자 끝을 헤매다 / 꿈속 찾아가는 무딘 발자국'이라는 결론으로 주제를 정리하고 있다. 이는 그의 '한(恨)'으로 형상화해서 '가슴에 박힌 돌멩이 하나 / 밤마다 억장이 막힌다 // 욕망의 골골 마다 / 산발의 흔적 // 안개가 사라지듯 / 그렇게 날려 보내리 // 바람의 길목, 간밤엔 / 소나무에 걸린 푸른 기별이 없다.(「한(恨)」 전문)'는 그의 시적 진실을 이해할 수 있다.

한편 공의식 시인은 삶의 방식에서 탐색한 사유의 범주(範疇)는 다양한 관념을 동반하고 있는데 작품 「존재」 전문에서 '하늘에서 휘돌던 바람 / 가슴에 스며든다 // 미친 듯 떠돌다가 / 태연히 좌정한 산과 들 // 언제라도 마음 내키면 / 변덕을 부리는 바람 // 회오리로 몰아칠 / 가치만 계산하고 있다' 거나 작품 「고독」전문에서 '바람도 잦아든 / 산마루 나뭇가지에 / 마음 한 쪽 걸어 놓고 / 하염없이 기다린다 // 뜨거운 햇살 / 숲 속에 잠재우고 / 달 그림자 서산에 걸리도록 / 물빛에 잠겼다 떴다 // 한사코 밀려오는 / 벼랑을 피하려고, 나는 / 바람 찾아 숲을 나선다.'는 그의 심저(心底)에는 진정한 인본주의(humanism)의 의식이 넘치고 있어서 그가 지향하는 서정적인 자아의 시적 창출이 엿보이고 있다.

2. 그리움의 진실과 '어머니'

공의식 시인에게 내재된 정서의 저변(底邊)에는 그리움이 충만해 있다. 그리움은 우리들에게 익숙한 관념의 일부이지만 작품 속에서 형상화하는 대상의 근원은 그가 이미 체질화해 버린 정한(情恨)에서 모티프를 찾을 수 있겠으나 공의식 시인의 체험에서 획득한 그리움의 실체는 바로 '어머니'와 밀접한 상관성을 이룬다는 점이 특이하게 현현되고 있다.

그는 작품 「어머니」 중에서 '밤마다 어머니의 등뼈가 / 해안선에 길게 누워 / 신열 앓는 내 머리를 짚습니다.'라거나 작품 「김치」 중에서 '삼년 동안 묵힌 속을 꺼낸다 / 단정하게 썰어 하얀 접시를 채우면 / 어릴 적 그토록 안타깝던 / 어머니의 눈물이 스쳐간다'는 어조에서 이해할 수 있듯이 '어머니'에 대한 정감(情感)의 시혼(詩魂)이 명징(明澄)하게 발현되고 있다.

돌아서는 車窓에
잘 가라며 손 흔드시던 어머님 얼굴이
눈송이처럼 엉겨온다

간밤에 울던 바람

고드름 자라는 소리로 커서
서러움 닦는 어머님 손이 된다

車窓에 낀
이름 모를 꽃잎의 성에
닦아 낼 수 없는 어머님의 음성.

--「모정(母情)」전문

그렇다. 공의식 시인의 그리움은 바로 '모정'이라는 불망(不忘)의 원류가 흐르고 있다. 그는 '잘 가라며 손 흔드시던 어머님 얼굴'과 '서러움 닦는 어머님 손' 그리고 '이름 모를 꽃잎의 성에 / 닦아 낼 수 없는 어머님의 음성.' 등에서 재생하는 그의 이미지는 우리가 공감할 수 있는 '모정'으로 동화(同化)시키고 있다.

그는 작품「갈대밭에서」중에서도 '질펀하게 펼쳐진 순천만, / 수소문했던 어머니 음성이 / 후두둑 빗소리로 걸어와 / 툭 걷어차더라' 또는 작품「파도」중에서 '

지금, 포근한 달빛이 퍼지고 있소 / 자장가 토닥이는 어머니의 / 따뜻한 숨소리가 들리오'라는 처연(凄然)한 어조로 공감을 유로(流路)하고 있다.

장날이면 빈 수레가 장 보러간다
덜커덩, 소는 외양간에
덜커덩, 주인은 액자에
수레만 홀로 장 보러 간다

빈 달구지 덜컹거리며
아침부터 나선 길이 해가 저문다
덜커덩 소리에 별 하나 실리고
덜컹 소리에 달이 실렸다

이만하면 오늘 짐은 가득하다
아버지는 어디 가셨나
임자 없는 수레가 장을 헤매고
조율이시 어동육서 차림만 높다.

——「아버지」전문

공의식 시인에게 다시 공감의 영역을 확대할 수 있는 부분은 '아버지'에 대한 회상이 어머니와 동일한 개념의 이미지를 추출하고 있다. 물론 부모의 정감이 서로 다를 수도 있겠지만 그가 반추하거나 회상하는 시적 진실의 범주는 동일한 양상으로 발현되고 있다.

그는 '장날이면 빈 수레가 장 보러'가지만 해가 저문 파장에서 돌아오는 '수레'에는 '덜커덩 소리에 별 하나 실리고 / 덜컹 소리에 달이 실'려 있을 뿐이다. 시적인 상황의 묘사이다. 그러나 그는 결론적으로 이 세상에 존재하지 않는 '아버지'를 그리워 하고 있다.

그것이 결론으로 적시한 '이만하면 오늘 짐은 가득하다 / 아버지는 어디 가셨나 / 임자 없는 수레가 장을 헤매고 / 조율이시 어동육서 차림만 높다.'는 그의 그리움의 진실이 명민하게 현현되 있어서 평범한 모티프에서 보편적인 언어로 현상화하는 시법은 바로 우리 모두가 체험한 정한의 심연(深淵)이라고 할 수 있다.

또한 그는 작품「소가 된 까닭」중에서도 '고구마 푸른 잎에 앉아 / 아버지는 / 하늘 닮은 잎 되거라 하시며 / 붉은 황토 살 돋우신다 // '누워서 먹으면 소가 된다'

눕지 말고 자라거라 / 자라나거라 / 아버지 삶에는 / 개꽃 장다리도 늑장을 핀다'는 어조에서도 우리는 부정(父情)에 대한 애틋한 정감을 음미(吟味)할 수 있을 것이다.

이와 같이 공의식 시인의 의식에는 부모에 대한 정한의 이미지뿐만 아니라, 이 그리움의 근저(根底)에는 '가을 하늘이 파랗게 서리를 옮아도 / 가슴으로 내리는 것은 이슬 / 석양보다 더 붉게 물들이는 / 그대의 눈빛입니다(「내가 그리워하는 것은」중에서)' 그리고 '그립다 / 그리웠다 / 어젯밤 꿈에 뛰놀던 / 그 미끈한 시어가 그립다 // 태어날 때부터 뜬 눈은 / 입만 벙싯거리는 외로움으로 / 어망에 잡혀 있다고 했다(「낚시」중에서)' 그리고 '어렴풋이 / 또 어렴풋이 // 밤이면 찾던 / 서러운 빛 // 또 애달파 // 던져버린 산 위로 / 달이 뜬다.'는 어조와 같이 그 그리움의 원천은 부모에 정감 이외에도 그의 사유에서 지향하는 시적인 진실의 탐색에서도 이해할 수 있게 한다.

3. 서경적 시간과 공간의 형상화

공의식 시인에게서 다시 심도(深度)에게 포착되는 것은 서정적 자아를 탐구하는 시법에 천착하고 있다. 그는 선천적으로 자연 서경(敍景)에 심신(心身)이 흡인되어 있어서 그의 정서나 사유의 향방(向方)이 자연과 더불어 동화(assimiaton)하거나 투사(投射-projecton)하는 시법을 구사하고 있다.

이 동화는 그 시인이 자연현상(혹은 자연세계)을 자신의 내부로 끌어들여서 그것을 내적(內的) 인격화하는 자아의 자연화이다. 반대로 투사는 그 시인이 자신을 상상적으로 자연 현상에 투시(透視)하는 것, 즉 감정이입(感情移入-fintuhlung)에 의해서 자아와 자연이 일체감을 이루는 것을 말한다.

바위 밑엔 겨울이 바들바들 떠는데
욕 한 바가지 휙 바람으로 뿌린다
빨개진 진달래 입술
봄볕 입은 개나리치마랑
훤칠한 벚나무 분홍저고리
속살 드러낸 백목련
키득거리던 제비꽃이 잎을 삐쭉인다
왁자지껄 내려가는 도랑물에
묻어 두었던 무 장딴지 씻는데
갯버들은 묵힌 빨랫감 이고 온다
아, 매화 벗고 파랗게 솟는 기염,
붉게 벙긋거리며
봄 마중 가는 연둣빛이여!

--「봄으로 들어가다」 전문

나뭇잎 하나 황당그레 떨어진다
열 개의 나뭇잎이 휘둥그레 몰려간다

백 개의 나뭇잎이 필사적으로 따라간다
천 개의 낙엽들이 우수수 쓸려간다
만 개의 낙엽들이 가을을 할퀴고 있다

나뭇잎에 색깔이 물들 때만해도
아, 가을이 오나보다 했더니
어느새 잎 떨구며 가을을 건너고 있다
골짜기마다
백 개 천 개 만 개의 가을이
내 마음 할퀴고 있다

——「시월쯤에」 전문

위의 두 작품에서 알 수 있듯이 봄과 가을 등 시간성에서 명민(明敏)한 감응(感應)을 투영하고 있다. 이러한 서경적인 자연 상관물에서 추출하는 이미지들은 대체로 생명성의 이동이나 변화에 대한 자연 현상에서 우리 인간과의 대칭적인 사유가 시적 주제나 그 진실로 발현되는 경우가 많다.

이러한 시적 상황 전개나 주제의 창조는 시간과 만유의 자연현상(주로 꽃이나 계절적인 변화 등)과 교감함으로써 서정성을 탐닉(耽溺)하는 인간 본래의 인본주의의 원형을 탐구하는 시적 경향을 대할 수 있는 것이다.

여기 봄에서는 진달래, 개나리, 벚나무, 백목련, 제비꽃, 갯버들, 매화 등 봄과 계절적으로 상응(相應)하는 자연 대상인 꽃들의 향연과 도랑물 등의 주변 경관까지 작품속에서 작용함으로써 시적 생동감뿐만이 아니라, 그 정취(情趣)에서 생성하는 향훈(香薰)이 넘실거리는 의미를 엿보게 한다.

이처럼 봄의 시간적 서정은 다음과 같이 나타나고 있다.

– 가슴앓이 들끓는 산자락마다 / 설레는 기다림, / 모닥불 지핀다 / 그리움이 익는다 / 아리도록 한 가닥 매운 연기에 / 분홍빛 가슴 쪼개어 / 산에 산에 / 얼핏얼핏 널어 놓았다– 꽃잎에 취해 / 속살 드러낸 봄바람 / 붉은 입술 살랑살랑 // 황홀한 기운에 / 맡겨진 몸 / 입술 한 번 가슴 양차로 / 벌 나비에게 내어 줍니다 (「봄꽃」 중에서)

– 벌 나비 날고 / 푸르게 부푼 꿈 / 봄 길에 캔다고 / 봄밤은 부퍼 오르네요.(「봄이여」 중에서)

– 따스한 봄볕 날개에 기대어 / 하얀 눈물이 피었다 / 밤새 벙글던 하얀 군무도 이내 / 나비 오기 전 목을 꺾나니.(「목련이 필 때」 중에서)

– 수줍던 처녀 봄바람 비집던 / 진달래 몇 줄기 사그라지고 / 솔숲 드나든 달 뜬 소리 / 그때가 좋았지 그때가 좋았지 (「 바람소리」 중에서)

또한 '시월'이라는 시간성도 가을이라는 서경에서 탐색하는 이미지가 '낙엽'의 시간적인 상관물과 조화를 이루면서 상황을 전개하고 있다. 그는 '어느새 잎 떨구며 가을을 건너고 있다'거나 '백 개 천 개 만 개의 가을이 / 내 마음 할퀴고 있다'는 이미지가 전해주는 고독함과 우수(憂愁)가 짙게 투영된 주제를 이해할 수 있다.

이러한 작품은 '가슴 연 붉은 광야에 / 잠자리 가을 줍느라 분주하다 / 허수아비의 낡은 휘파람소리 / 논둑 따라 그을려 올 때 / 더 없는 외로움으로 나는 /벼 낟알을 씹는다(「가을 2」 전문)'거나 '한들거리는 얼굴 / 환한 눈물 매달리는 날 / 아련한 얼굴 툭 건드려 보오 // 분홍빛 볼 반가움에 / 잠자리 춤추는 하늘가 어디쯤 / 짙어오는 석양에 묻혀있을 것 같은 // 어둠에서도 찾아오는 그 얼굴 / 손 마주 잡고 볼 부비며 / 미소로 그 추억 안아 보겠소(「코스모스」 전문)' 등으로 회억(回憶)을 상기하면서 시간과 자연을 서정적으로 형상화하고 있다.

이 밖에도 작품「四月」「유월」「그믐」「저녁」「겨울나무」「겨울 느티나무」 등에서 시간성을 공의식 시인의 사유의 중심축에 두고 서정적인 시심(詩心)을 발현하거나 정적(靜的)이면서 안온한 자연을 함축하고 있는가 하면「정원에서」「섬진강 달빛」「나의 정원으로」「바닷가에서」 등의 공간에서도 다양하게 서정적 자아를 형상화하고 있다.

4. 자연 상관물과 서정적 자아

공의식 시인은 다시 이러한 자연 서정을 시간과 공간의 서경에서 탐색하였으나 그 구체적인 대상이 자연 현상을 통해서 생성된 자연환경을 더욱 중요시하는 경향이 있다.

그는 이러한 서정성은 그가 이미 '시인의 말'에서 밝혔듯이 '진달래꽃 따먹으며 산을 누비던 어린 시절과 운동화 꿰차고 산개울을 누비던 학창시절, 산과 들 헤집으며 걸어오는 동안의 기억들을 울먹일 때마다 꺼내어 소중하게 씻고 닦아서 부족하지만 여기 모았'다는 사실은 그가 산과 들에서 체험한 자연 서정의 이미지들이 재생하면서 그의 시 세계를 소중하게 장식하는 원류가 되었기 때문에 그의 서정적 자아의 탐구는

훈훈한 인생의 여정(旅情)을 상기시키는 자리가 되고 있다.

그는 작품 「시냇가」 중에서 '바위를 무디게 뒤집으면 / 졸졸졸 따라가는 송사리 떼 / 맑게 품은 개여울 햇살 / 송사리 입에 연신 넣어주고 / 오물거리는 모습에 웃는다'는 전원의 전형적인 풍광(風光)에서 그의 서정은 오로지 잔잔하면서도 정(情)이 넘치는 그의 심저를 이해하게 한다.

식어버린 가슴 품고
혀만 치장한 연꽃,
욕망의 샘이 솟아오르는
사고의 바닥에서
속 빈 뿌리를 캔다
감춰진 비밀 그 사유로
잎은 더 넓게 벌어지려고
별빛 머금은 이슬에게
햇살이 감춘 말
새촘한 귀에 걸어 둔다.

--「 늪 」 전문

이 작품에서는 공의식 시인이 간직한 서정 그 질양(質量)의 깊이를 예감할 수 있는 시적인 본령(本領)을 적시하고 있다. 그는 이 '늪'의 상징은 그가 형이상적(形而上的)인 철학적인 골간(骨幹)에서 창출해낸 고차원의 이미지이다. 그는 '식어버린 가슴'과 '혀만 치장한 연꽃'의 대칭적 표현은 그의 시학에서 상당한 우위의 작품으로 평가할 수 있을 것이다.

그것은 작품 구성이나 전개에서 그가 의도한 보편적인 스토리가 아닌, 사물 자체가 실재(實在)와 약간 벗어날 수도 있는 독립적인 존재로서의 은유적인 시법으로 공간을 획득하고 있다는 점이다.

달빛이 바람을 깨워
안개를 거둬간다

어스름에 묻혔던
머언 동네
개 울음소리 달빛을 쫓고

젖은 눈에서
하염없는 밤으로
달만 허허로이 흐른다.

——「 월하(月下) 」 전문

여기에서도 그의 감성(感性)은 자연 상관물로서의 제공하는 메시지가 바로 '달빛'과 '머언 동네 / 개울음소리'와 대칭적인 연관으로 상황을 전개하지만, 결론은 하염없음과 허허로움이라고 할 수 있어서 그의 시학에서 많은 서정적 자아를 지향하는 궁극적인 단초를 적시하고 있다.

이러한 은유적인 시법은 작품 「폭포」 전문에서 '아, / 산기슭 휘어잡는 / 푸르디푸른 혼이여 / 맑은 계곡에 맴도는 / 하얗디 하얀 속살이여 // 하늘을 끊어내는 울음 / 숲의 말을 쏟아낸다

/ 단 하나 진실 / 알몸으로 투신하는 / 정토의 눈물.'이라는 진실과 작품 「꽃비」 전문에서도 '쏴아아 / 소금기 없는 눈물이 / 얼굴을 때리면 / 후두둑 / 떨어지는 초목의 생기 / 아, 기다림으로 무뎌진, / 생명의 물이여 / 애잔한 눈물이여 / 꽃잎 쓸고 가는 외마디 / 봄엔 비가 와야 한다는 묵언 / 나무 흥건히 적시고서야 / 사라지는 통증.'이라는 생명과 묵언의 메시지가 우리들의 심혼(心魂)에 많은 문제의 화해를 제공하는 지침이 되고 있다.

공의식 시인은 이와 같이 자연 상관물에서 탐색하는 서정적인 자아는 다양한 자연 대상과 조응(調應)하고 있다. 가령 '아지랑이', '민들레', '민달팽이', '담쟁이', '치자꽃', '태풍', '샛별', '노을' 등등의 작품에서 그 대상이 분사(噴射)하는 이미지나 상징은 그가 취택하려는 서정성과 자아의 조화나 융합(融合)은 자명(自明)하게 발현될 것으로 확신한다.

이제 공의식 시인의 시집 『다각묘사의 窓』 읽기를 마무리한다. 그는 완전한 서정 시인이다. 그 전제는 그가 사랑하고 아끼는 전원적인 정서와 사유의 지향점에서 결론짓게 된다. 그가 삶이나 현실적인 생활에서 항상 뇌리(腦裏)에서 번뜩이는 시적 발상과 상황의 전개는 자연 서정에서 탐구하는 습관적인 사고(思考)방식을 이탈(離脫)하지 않는다는 점이다.

그는 서정 시인으로서의 명제(命題)를 실행하기 위해서 삶과 행위 자체가 겸소하면서도 고독하고 고뇌에 가득한 향수(鄕愁) 같은 심리적인 표출을 읽을 수 있어서 그가 앞으로 시적 탐색을 통해서 절규하듯이 구명(究明)하려는 진실의 행방을 모색해나갈 것이라는 예감을 지울 수가 없다.

일찍이 영국의 시인 P.B. 셸리는 '시는 최상의 마음의 가장 훌륭하고 행복한 순간의 기록이다. 하나의 시란 그것이 영원한 진리로 표현된 인생의 의미이다'라는 명언을 새긴다면 공의식 시인이 갈구(渴求)하는 삶의 의미가 바로 영원한 진리로서의 시적인 인생의 의미를 충만하게 할 수 있다는 결론을 적시하는 작품으로 승화할 수 있을 것이다.

공의식 시인의 심중(心中)에는 작품「바다가 시를 읊다」전문과 같이 '여유 찾아동동 / 바다에 누우면 / 시퍼런 노래가 둥둥 떠 다닌다 // 날 선 파도 주워 / 풍경 드리우면 / 억눌렀던 시 아우성처럼 쏟아내고 // 솔낭구 틈새바람 바다에 베고 누워 / 겪어온 지난 이야기들 / 파도는 하늘에 옮겨놓기 바쁘다.'는 그의 진솔한 시에의 열망과 삶의 일체성을 구현하려는 기원이 넘치고 있다.

이러한 전제를 일생의 숙명으로 세워서 지속적인 창작의 열기를 불어넣기를 소망한다. 시집 출간을 축하한다.